Copyright 2019 by Aguinaldo Batista

Revisão textual:
Luana Luduvice

Diagramação/Capa:
Sérgio Luiz

Direitos desta edição reservados ao autor

B333p Batista, Agnaldo (Prof°)
       Um pensador nordestino: uma maravilhosa coletânea de
belos poemas e textos reflexivos / Agnaldo Batista (Prof°).
Aracaju: J. Andrade, 2019.

       72p., il. p&b, 21 cm

       1. Literatura Sergipana 2. Coletânea - Poemas
     3. Textos Reflexivos I. Título II. Agnaldo Batista III. Assunto

                    CDU 82-1/3(813.7)

Catalogação – Claudia Stocker – CRB 5/1202

PREFÁCIO

A arte é a base principal para o crescimento humano e social. E a arte literária ocupa de maneira peculiar um lugar sagrado nesse contexto, pois as falas vão ao vento, mas as palavras ficam registradas, transcendem no tempo e viram história.

Sinto-me lisonjeado em poder comentar sobre a obra do professor Aguinaldo. São textos e poemas que cati-vam o leitor devido à singularidade da sua escrita, os seus poemas têm inspiração na rica literatura de cordel, com histórias de simples entendimento, mas extremamente cativantes. Outros são de caráter crítico e reflexivo, estilo predominante também nos seus textos,

Conhecendo o professor Aguinaldo, percebo que essa é uma obra autoral, ele escreveu sobre aquilo que sente e acredita, não fugindo de formar suas opiniões em diferentes temas sociais, profissionais e humanos.

Um livro que lhe surpreende a cada virar de página devido à qualidade e a diversidade dos temas abordados vai da poesia a crítica, do lúdico a razão, tudo junto e intercalado em uma maravilhosa coletânea que dá gosto de ler.[1]

---

1 Por; Professor Eugênio Enéas.

Acredito que os textos e os poemas contidos neste livro contribuirão de forma magnífica para estimular o senso crítico, lúdico e reflexivo do seu leitor, elevando ainda mais a sua consciência sobre os diferentes processos naturais, sociais e políticos da humanidade.

Grato desde já!

____
Aguinaldo Batista Santos

DEDICATÓRIA

Dedico este livro à minha mãe, a senhora Maria Josefa, que contribui com muito esforço para a minha formação moral e acadêmica, e à minha esposa, Angélica Maria, por me apoiar em todos os meus sonhos e projetos.

AGRADECIMENTO

A Deus, toda honra e toda glória por guiar-me sempre neste projeto.

SUMÁRIO

AMOR DE ESTUDANTE

Era mais uma simples escola dessas do interior
Onde o ensino é com amor
Escola onde o professor tem prazer em ensinar
Nela estudava Cauã
Um meigo e jovem rapaz
Moço de múltiplas qualidades
Bom filho, bom estudante
Bonito não só de semblante
Educado e gentil
Moço raro de se achar
Desse que a mãe dirá
Filha, esse é moço pra casar!
Então começa Cauã mais um ano a estudar
Seria mais uma tarde
Se pela porta não passasse
Uma moça ou uma miragem?
Que nessa mesma sala começara a estudar
Tratava-se de Luane
Moça linda, sem igual
Dona de um sorriso tão lindo
Que por obra do divino parecia feito à mão
Tinha um rosto angelical, de pele tão linda e lisa
Que nem mesmo a Mona Lisa tinha semblante igual
Moça assim era difícil de ver
Até Leonardo da Vinci
Com toda sua grandeza
Mesmo que buscasse ele inspiração
Na natureza
Não pintaria obra igual.
Cauã quando viu Luane
Foi amor à primeira vista
Um sentimento tão rápido

Que semelhante a um raio o peito do jovem atingia
Paixão tão rápida e forte
Que nem mesmo Darwin e Freud
Nem toda psicologia compreenderia.
Já Luane foi com o tempo
Admirando Cauã
Falou ela consigo mesmo:
Que rapaz admirável!
Lindo, inteligente!
Passei tanto tempo lendo
Dos romances os mais clássicos
Da bela adormecida aos contos de Machado
Buscava na literatura
O meu príncipe encantado
Mas para a minha alegria
Do destino a ironia
Ele estava do meu lado
Os dias foram passando
Na simples e meiga escola
Cauã e Luane juntos dividindo a mesma classe
Ambos alunos aplicados
Da sala eram os melhores
Nas provas e nos trabalhos só tiravam nota dez
Entre uma lição e outra
A moça olhava Cauã com um brilho no olhar
Deixava bem evidente
Não precisava ler mente
Pra saber que a bela moça Queria o namorar
Os semestres foram passando
Chegava um fim do ano
Ambos já percebiam
Que gostavam um do outro
Mas eles tinham uma barreira que precisavam passar
Libertar-se da tirana
Que aprisiona o amor

Romper de uma só vez
As algemas da timidez
Porém o tempo é sem coração
Não espera por ninguém
Nem mesmo pelo amor
Assim tirano passou
Levando o ano letivo
Deixa Cauã sem Luane
Triste e abatido
Cauã não se perdoa
Por não ter se declarado
Vivia em casa só
Chegava até fazer dó à situação do coitado
Mas pensou o jovem moço
Mudando de posição
Não passei os noves meses no ventre da minha mãe para
nascer sofredor, muito menos ganhar rótulo de Fugitivo
do amor
Amanhã vejo Luane, não posso mais esperar
Nem que tenha que mover terra, céu ou mar
Encontrarei essa moça e irei me declarar!
Porém, no dia seguinte,
Tudo conspirava a favor
Uma colega lhe falou:
- Cauã, um passarinho me contou
E pediu pra te avisar
Que daqui a dois dias Luane é debutante,
Quinze anos ela fará
Terá uma linda festa, dessas em que a Cinderela gostaria
de estar!
Então chegou o dia da festa
E Cauã vai até lá
Chegou à portaria onde tinha um segurança

Um cara mal encarado, com jeito de mal amado
Cauã então falou:
- Boa noite, meu senhor,
Eu me chamo Cauã
Sou amigo de Luane
E vim para prestigiar a festa de debutante
O segurança falou:
- Então me mostre o convite.
O moço então logo disse:
- Sou amigo de Luane
Mas o segurança respondeu:
- Não tenho autorização
E vou logo avisando
Não seja impertinente
Sem convite, meu rapaz,
Não entra nem o presidente!
Cauã então respondeu:
- Olha, meu senhor, eu não vim aqui à toa
Vim falar com a pessoa
A mulher da minha vida!
Tanta exaltação chamou atenção de Luane
E de seus parentes, que vieram até o portão
Luane, quando viu seu amor, o olho logo brilhou
E lhe mostrou um lindo sorriso
A moça então indagou:
- Papai, eu conheço esse rapaz
Ele é meu amigo.
O pai então falou firme:
- Se for amigo da minha filha é nosso amigo também
Deixe o moço entrar
E sirva o que precisar!
Mas Cauã respondeu sem mesmo postergar:
- Senhor, desculpe a ousadia, mas eu quero te falar

Os verdadeiros motivos de hoje aqui estar
Então, como um relance, o pai de Luane logo fechou o semblante
Fez cara de poucos amigos
E perguntou:
- Ô mocinho, o que tu queres comigo?
Cauã, então com segurança,
Virou-se logo para a banda e pediu para a música parar
Olhou para Luane e começou se declarar
- Luane, venho dizer, não aguento mais esconder
Eu sempre amei você
Vim só para falar, que se você me aceitar e seus pais auto-
rizarem, eu quero te namorar
Então, no primeiro momento,
Tão nervosa ficara que faltaram até palavras
Seu pai então exclamou:
- O que dizes, minha filha?
- Papai, estou sem palavras, pois é grande a emoção
Mas vou responder agora o que vem do coração
Um sentimento tão belo que nem mesmo mil Aurélios
nunca traduzirão.
Por isso, Cauã, te digo Desde já, se meu pai assim apro-
var, aceito te namorar
O pai então responde
- Se é gosto da minha filha
O namoro está aprovado
Além disso, meu rapaz, és um jovem admirável
Em toda a história, não vi gesto tão nobre e grande
Nem mesmo os grandes homens como César ou Alexandre
Tiveram coragem igual.
Então Cauã se aproximou de Luane
E declamou em poesia:
- Luane, tu ÉS minha alegria

Por esse amor verdadeiro
Percorreria o mundo inteiro
Navegaria os setes mares só para te ter perto
Ninguém seguraria meu ímpeto
Cruzaria o Atlântico, o Pacífico e até o Índico
Atravessaria o Saara Escalaria o Himalaia
Isso tudo em um instante
Chegaria até os Andes
Pois movido pelo amor
Nem mapa-múndi usaria
Não teria quem me impedisse
Nem toda a geografia.
Ao término dos lindos versos
O público aplaudiu Cauã
A música voltou a tocar
E o pai todo orgulhoso
Logo cedeu o lugar
Deixando o belo casal
A valsa juntos dançar
Assim o tempo passou
Permanecendo o lindo amor
Os dois mantiveram o legado
De alunos dedicados
Assim tornou-se Cauã
Um bem-sucedido advogado
Luane, uma mulher doce,
Sempre preocupada com o outro
Ajudando sempre o próximo
De modo tão intenso
Algo fora do normal
Assim tornou-se Luane
Assistente social Como
rege a biologia

Essa árvore gerou frutos
Então Cauã e Luane
Tiveram juntos dois filhos
O tempo passou
Como manda as leis da física
A vida continuou como escola perfeita
Mostrando que para amar
Não tem hora nem lugar
Sempre seguindo juntos
Na tristeza e na alegria
Como manda a Teologia
Se tratando com ternura
O final dessa história
Já disse a literatura
Não pode ser diferente
Assim Cauã e Luane
Foram felizes para sempre.

BRASIL E SEUS HERÓIS DUVIDOSOS

Para compreendermos melhor os acontecimentos contemporâneos do país é necessário conhecermos um pouco da história do Brasil e dos seus líderes e influenciadores.

O Marechal Deodoro proclamou a República, que fora muito importante para a evolução política do Brasil, porém se ele não tivesse chance de assumir o poder ele o faria? Haja vista um governo hiperautoritário!

Getúlio Vargas foi um presidente de múltiplas faces, quando lhe foi oportuno tomar o poder por meio da força ele assim o fez, depois que os sistemas totalitaristas de governar foram derrubados com a derrota dos Nazistas e Fascistas durante a segunda guerra. Ele mudou sua estratégia para se manter no poder, criando uma política populista e com isso conseguiu ser eleito presidente, levado nos braços do povo, sendo proclamado pai dos pobres.

Na categoria dos revoltosos, assassinos sanguinários são suavizados, virando ícones folclóricos. Na música, cantores que apesar de terem um incontestável talento (musical), mas que tiveram uma vida totalmente desregrada e inconsequente, são tidos erroneamente como verdadeiros exemplos de modelo de ser humano.

Na literatura a publicação de livros de uma meia dúzia de autores tidos como donos da verdade viram regras incontestáveis, uma espécie de "lei de Moisés". É claro que totalmente desespiritualizada do ponto de vista cristão. Poucos são os que podem ostentar o título de genuínos heróis nacionais.

A frase mais coerente para melhor explicar esses fatos está em uma música do talentoso e inconsequente cantor Cazuza, que afirma: MEUS "HERÓIS" MORRERAM DE OVERDOSE.

SONHOS, FAIXA ETÁRIA E REFLEXÃO

Somos todos feitos de sonhos

Nada mais justo, pois somos filhos deles

A quem não lhes der o devido valor

Mas o que seria da realidade se não houvesse sonhos?

Apenas um obsoleto concreto.

E o que seria dos sonhos se não houvesse a realidade?

Apenas um lúdico vazio.

Assim, fazendo uma análise mais profunda sobre sonhos, percebemos que os mesmos mudam de acordo com nossa faixa etária.

Aos cinco, sonhamos com um mundo encantado, repleto de super-heróis com os seus poderes extraordinários, mas logo nos damos conta de que eles são feitos de carne e osso e que se chamam: pais.

Aos quinze, sonhamos com príncipes e princesas e sua beleza surreal.

Porém logo nos damos conta de como é difícil escalar as altas janelas dos seus castelos.

Aos dezoito, sonhamos em mudar o mundo, a política.

Então dizemos: está tudo errado!

E ao seu lado, tentou?

Aos trinta, caímos na real, ou no surreal.

Contas a pagar, coisas a conquistar,

Dinheiro, poder, tem que ter, tem que ter, por quê?

Aos cinquenta, ufa, realizamos alguns,

Alguns nossos ou alguns dos outros?

Aos sessenta, sonhar pra quê?! Viver, viver e viver.
Aos oitenta, pular, correr, cadê?

Só então deixamos o divino florescer.
Aos cem, maduros? Não, para que não apodreçamos.
Assim, os anos passaram e virá com eles a tal experiência de vida.
Então chegamos à conclusão, às vezes até tardia,
Que o sonho, semelhante à água, muda de estado,

E que vários sonhos vêm também ao nosso encontro.
E devido a nossa perspectiva de felicidade só futura não os reconhecemos;
Quando passam por nós, quase sempre não os vemos,
Pois eles aparecem vestidos em um roupão chamado: oportunidade.

O FLORESCER DO AMOR

Em um singelo vilarejo
da cidade de Lisboa
vivia um jovem homem
que se chamava Ruan
moço cujo vã beleza
da simples fisionomia
ele desprovia.
Porém outras mais belas qualidades
as quais em qualquer um não acham
elas ele tinha.
Simplicidade, lealdade, carinho e gentileza
eram suas maiores riquezas
que com o próximo dividia.
Ruan tinha uma floricultura
na qual ele praticava
todas essas essências de amores
no modo como cuidava
das suas lindas e belas flores.
As tratava com tanto carinho
que pelo seu nítido encanto
parecia que as mesmas
não se tratavam de plantas,
e sim de seres humanos.
Em sua floricultura
frequentava uma cliente
que se chamava Lorene,
moça de múltipla beleza,
tanto interna como externa,
mulher de rara beleza,
fenômeno da natureza,

obra-prima do divino.
Há tempos ela admirava Ruan
pelo seu jeito de ser
um dia, sem perceber
seu coração palpitava
e logo percebeu que amava
de corpo, espírito e alma
o moço da floricultura.
Assim, todo santo dia
ao comércio de Ruan ela ia
comprar flores era o pretexto
de vê-lo toda manhã
Ruan percebeu que Lorene
o tempo todo o olhava
mas ele não acreditava
que por alguma ventura
mulher de quão formosura
por ele se interessaria.
Mas o tempo foi passando
e seu tormento aumentando
pois Ruan já descobrira
que ela ele amava.
Em uma noite de insônia
Ruan rolava na cama
sem conseguir dormir
tentando se decidir
declarar-se para Lorene.
Mas ao galo cantar
resolveu não esperar.
Então, no dia seguinte,
Ruan ela espera
com bastante decisão.
Mas do destino, a ironia,

na manhã daquele dia
Lorene não apareceu.
Então, aumentou a angústia
no peito do jovem moço
foi quando no fim da
tardepara sua felicidade
Lorene apareceu.
Ela então falou:
"Hoje eu não vim
comprarsó passei para te
avisar que comprarei
amanhã".
Mas Ruan disse em alta voz:
"Moça, fique, não vá!
Não sei se perdi a razão,
mas louco também seria
se traísse meu coração.
Por isso quero dizer
não aguento mais esconder,
Lorene amo você!"
A moça então ficou pasma
ao ver que ele a amava
Tão contente ficara
que pensava estar sonhando
Então Ruan continuou
a falar, agora em verso:
"Lorene, tu és como uma flor
de um oásis no deserto
e eu sou o viajante sedento
que chega a uma fonte,
mas antes de nela beber
eu avistei você
e até esqueci de mim.
Então, te peço, Lorene,

seja   flor   do   meu
jardim". Lorene então
respondeu: "Aprendi
que o amor
do mesmo jeito da flor
tem sempre que ser regado.
Vejo a forma que tu cuidas
das plantas, com muito
esmeroentão, Ruan, te digo
sim
e quero que você seja
para sempre meu jardineiro".

LÍQUIDO DA VIDA

Bem mais precioso da humanidade
líquido que gera vida
da terra brota insípida
enche mares, forma
ilhas

mãe dos oceanos
que serve de trilha
instávelvezes brava,
vezes calma

preciosa substância
incolorque sempre
impulsionou
o instinto
desbravadordo
simples pescador ao
grande navegador

belo líquido que faz
jusao nosso planeta
azul

Que seria dessa
terra se por alguma
ventura
tão belo líquido de
vida por obra da mão
divina da terra se
extinguisse!

Tudo que
conhecemosnada
scria igual

tampouco existia
ColomboMagalhães nem
Cabral

Só haveria poeira e um triste e hostil deserto

Seria terra ou inferno?

Grande é a insanidade humana
que da terra a esvazia e
derrama

Ó, criador, tem piedade!
não enche apenas os
mares inunda também de
bondade
o coração semiárido
dessa insana humanidade.

AS TRÊS COMPETÊNCIAS NATURAIS AOS LÍDERES EXCELENTES

Ao examinarmos nossa rica e vasta literatura veremos inúmeros escritos que definem liderança através de diversos conceitos. Porém, dos tidos como "Papas" das teorias do passado aos "gurus" do presente, nenhum deles conseguiu nem ousou dar um ponto final sobre liderança, pois a mesma provém de comportamentos e atitudes de um ser que se diferencia dos outros animais devido a sua complexidade, o que se autodenomina ser humano.

Portanto, se Freud só "explicou tudo" na música do Zé Ramalho, e Darwin deixou várias lacunas inexplicáveis na sua teoria, quem sou eu, Aguinaldo Batista, de Ribeirópolis-SE, para dar a última palavra em tal característica que depende do comportamento humano, que é a liderança!

Todavia, o que percebo e os estudiosos sobre o assunto confirmam é que os grandes líderes da humanidade têm em comum a prática de certos comportamentos e atitudes. Um dos primeiros comportamentos dos líderes excelentes é de poder de **persuasão**. Para explicar melhor, vou citar o exemplo na nossa sábia mãe natureza para adaptarmos a nossa realidade, pois obviamente somos seres humanos e racionais.

O leão, por exemplo, não é o mais forte nem inteligente do reino animal, mas então por que ele é chamado de rei? Tal fama se dá devido às suas posturas e atitudes diante dos outros animais. O leão, quando chega, transparece confiança aos outros animais, mantém a cabeça erguida, olhar firme e compenetrado. Ele não ataca os outros animais por nada, mas se preciso ele se impõe com o maior rosnado do reino animal.

Outra característica é manter atitudes de **visionários.** Um líder tem que ser como uma águia, que dentre os animais é a que enxerga mais longe, vendo coisas que os outros não viriam. Ela também é a que voa mais alto. A águia muita vezes voa solitária, pois poucos animais voariam tão alto, por isso quando uma águia encontra com outro pássaro, provavelmente é outra águia.

O mesmo fará um bom líder, mesmo tendo muitas vezes que pagar o preço da solidão, das "alturas" e da incompreensão dos seus objetivos, pois se uma águia está sempre se encontrando com pombos é porque está voando muito baixo. Assim também é um líder, se enxergar o que todos já viram é porque está pensando pequeno.

A terceira atitude destacada para um líder excelente é a capacidade de assumir **responsabilidades**. Outra vez encontramos na sábia natureza um ótimo exemplo que podemos transferir para nossa realidade humana: é o da abelha rainha. Ao contrário do que muitas vezes pensamos, ela não fica apenas na colmeia esperando que as operárias recolham o néctar para a fabricação do mel. Para a mesma é depositado a mais vital das responsabilidades, que é a de reprodução e, posteriormente, de vigília dos ovos, além de, vez ou outra aparecer outra abelha rainha, tendo a mesma que travar uma luta em que matará ou morrerá, pois a colmeia só admite uma rainha.

Uma abelha rainha nunca transfere as responsabilidades dela para as operárias. O mesmo deve acontecer no mundo corporativo. Um líder excelente, quando algo dá errado, assume a responsabilidade, que é diferente de assumir culpa, pois hoje não se coloca mais a culpa em funcionários. Funcionário se treina, orienta, adverte, manda até ir embora, mas não coloca culpa em funcionário.

O ser humano é provido de uma capacidade que o diferencia do restante dos animais, que é a capacidade de raciocínio, o que o permite não agir apenas por instintos. Por isso a liderança não é apenas dom natural, ela pode ser desenvolvida, porém o intuito maior do alcance da liderança, bem como a utilização das competências já citadas, é sempre para o bem coletivo, e nunca para alimentar o velho conhecido instinto "meio humano, meio animal" da vaidade.

MUNDO NOVO

Mundo novo
mundo feliz
mundo daquele que um dia quis
paz e liberdade
um mundo transformado
um sonho realizado
o que antes era temor
hoje é um mundo de amor
graças àquele que o plantou
um mundo onde todos têm direitos
onde tudo é perfeito
de pessoa de mente clara
que preserva suas matas
um mundo de gratidão
onde todos repartem o pão
e respeitam o seu irmão
onde todos têm a certeza
que serão sempre felizes
neste mundo onde as raízes
estão bem presas ao chão.

EM TEMPOS DE TREVAS LITERÁRIAS

O mundo contemporâneo passa por uma época de extremas mudanças e transformações. Vivemos em uma sociedade exageradamente acelerada, onde tudo é para "ontem". Esta sociedade anseia por obter tudo pronto, enlatado, para não "perder" seu precioso tesouro chamado tempo, vivendo, assim, em verdadeira servidão a um "Deus" chamado imediatismo.

Se por um lado essa correria proporcionou avanços para alguns segmentos da sociedade, para outros acarretou um notório atraso. Um dos segmentos prejudicados por essa maneira de vida atual é o da **produção literária**. Grande parte das pessoas não quer disponibilizar tempo para ler, quem dirá escrever. É uma geração do copia e cola! Esse fator é bem nítido no meio estudantil.

Resumir "antigamente" era uma pessoa escrever de forma reduzida com palavras próprias o que entendeu sobre um texto, livro. Hoje, cada vez é mais usada a errônea técnica de recortar parágrafos e depois juntá-los.

Em um trecho do filme nacional Cidade Baixa, o autor exemplifica essa falta de criatividade literária nos dias atuais na cena em que o ator Lázaro Ramos interpreta um namorado apaixonado que declama três versos para sua namorada e ela comenta, no final de cada verso: "que lindo, amor, foi você que fez para mim?". E ele sempre responde com o sotaque baiano do personagem: "NÉ meu não, é de Castro Alves; também NÉ meu não, é de Guimarães Rosa; fui eu que fiz não, é de Álvares de Azevedo". Ou seja, falta criatividade para escrever até um simples versinho de amor.

Outro fato que exemplifica o descaso literário é o atual modismo de empossar políticos e outros poderosos que pouquíssimo contribuíram com a literatura do país para membro da Academia Brasileira de Letras. Alguns sequer escreveram um livreto sobre as receitas culinárias da vovó.

Em um tempo que beijinho no ombro é "obra literária", o que diria os nossos grandes escritores se presenciassem tal situação. Acho que reformulariam uma conhecida frase assim: Existem mais mistérios entre a terra e céu do que imagina nossa vã literatura.

DONA MARIA JOSEFA, DOUTORA PELA UNIVERSIDADE DA VIDA

A data fora 27 de novembro de 1944, quando Deus envia ao mundo mais um exemplar do forte gênero feminino à Terra. Trata-se de dona Maria Josefa, minha mãe, minha heroína, que tenho como maior referência da minha vida. Dona Josefa tem um currículo extenso e invejável, com diversas formações.

É formada em ciências econômicas com ênfase em fazer mais com menos para criar nove filhos. Graduada em psicologia, pois além de criar e educar nove filhos sem "perder o juízo" ainda arranjava tempo e disposição para ouvir e aconselhar o próximo.

Bacharel em administração, apresentando ótimos resultados como diretora da empresa: Família Josefa e CIA., onde conseguiu manter a estabilidade mesmo nos tempos de recessão econômica dos anos 70 e 80. Formada em assistência social, dividia o pouco que tinha com os outros.

Especialista em meteorologia, com ênfase em prever temporais e baixas de temperaturas, quando afirmava: filho, leve o casaco que vai fazer frio, leve o guarda-chuva que vai chover. Ela nunca errava.

Mestra em gestão de conflitos, sempre utiliza sua teoria para gerenciar uma família tão grande, com membros que possuem diferentes tipos de personalidades.

Invertendo e contrariando a ordem de formação acadêmica, dona Josefa teve como primeiro título o de doutora no amor, pois depois de uma tripla jornada de trabalho, ao chegar à noite em sua casa, ainda cobria seus filhos de afeto e carinho.

As intempéries da vida não deixaram essa extraordinária mulher aprender o bê-a-bá ensinado nas escolas, pois ela nascera em uma época e lugar onde a sobrevivência dependia de um instrumento muito mais pesado do que a caneta, que é chamado de enxada. Mas levando em consideração o quesito competência, qual doutor ousaria chamá-la de incapaz?

UMA MENINA MÁ

Texto em homenagem a Evilin Lorene, sobrinha do autor de 6 anos na época. O autor escreveu o texto "mergulhando" no universo mental de umamenina dessa idade.

Era uma vez uma menina chamada Malvina. Ela ti- nha um mau comportamento. Malvina tinha uma amiga chamada Buana que, ao contrário de Malvina, era boa e tinha um bom comportamento.

Buana vivia dando conselhos a sua amiga má, sem- pre falava: "Malvina, por que você é tão má?! Você não tem ideia de quanto é bom fazer o bem!". Malvina então respondeu: "Vou confessar uma coisa: antes eu era boa, aí tive uma melhor amiga que sempre tratava bem, mas um dia ela me humilhou na frente de todos e falou que eu era idiota. Aí fiquei muito decepcionada. Então, desse dia em diante fiquei má".

Buana então falou: "Também tenho algo para confes-sar. Eu era má antes de te conhecer. Naquele dia em quete vi pela primeira vez e você tomou à força meu lanche e puxou o meu cabelo. Aí vi o quanto eu estava errada".

CARREIRA PROFISSIONAL X NOVOS CONCEITOS E NOVAS EXIGÊNCIAS

Nos últimos 50 anos o mundo vivencia as maiores mudanças já vistas na história da humanidade, impulsionadas principalmente pelo conhecido fenômeno da globalização. Estamos diante de uma verdadeira "avalanche" de mudanças, com quebra de paradigmas de modo constante. O conhecimento adquirido pode ser inovado ou modificado em alguns minutos.

As mudanças estão ocorrendo em diversos setores da sociedade, tais como: tecnológico, político, religioso, familiar, escolar e profissional.

Saímos da chamada Era da Industrialização e nos encontramos na denominada Era do Conhecimento, onde a "moeda" de maior valor é o capital intelectual, ou seja, o grau de conhecimento adquirido por um indivíduo. As empresas hoje não buscam apenas mão de obra, elas querem "cabeça de obra", ou seja, profissionais dotados de conhecimentos capazes de serem colocados em prática.

Diante dessa nova realidade, um perfil profissional que em um passado recente fora temido e até reprimido pelas empresas, hoje é incentivado e muito valorizado. Trata-se do profissional intra-empreendedor.

Esse profissional tem atitudes visionárias e projeta sua carreira em consonância com a empresa em que trabalha, sempre buscando formas de contribuir para o crescimento da mesma. Assim, é uma via de mão dupla: ganha o profissional e ganha a organização.

Fazendo uma análise mais profunda sobre a relação empregado e empregador, chegamos à conclusão que ninguém trabalha para ninguém, pois o trabalho é nosso. Nenhum profissional, ao receber o salário, volta à sala do seu líder, aperta a sua mão e pede muito obrigado por ter recebido. Trabalhamos para suprir nossas necessidades. Então, se o trabalho é nosso, a empresa também é! Ao menos durante o tempo em que permanecemos nela.

O PODER DA COMUNICAÇÃO

Durante toda a história da humanidade, uma for-ça extremamente poderosa atua como um dos principais agentes de transformação, contribuindo para mudanças nos cenários político, familiar, geográfico, religioso e econômico. Apesar de essa força vir principalmente de um dos sentidos básicos do ser humano, que é a fala, geralmente esse seu poder passa despercebido. Essa força chama-se comunicação. Através dela o ser humano tem transformado a sua vida e a de outras pessoas.

Todavia, como tudo na vida, há fatores positivos e negativos. É válido ressaltar que uma vez que o indivíduo desenvolva a capacidade de se comunicar de forma eficiente, ele deve ter uma maior coerência na sua utilização, pois, fazendo uma analogia simples, ela pode ser comparada à energia nuclear, que tem utilidade para fins benéficos, como a utilização na área de saúde, ajudando a salvar vidas, sendo usada em máquinas modernas que ajudam nos diagnósticos e no tratamento de diversas doenças; bem como, infelizmente, para a utilização em armas de guerra de alto poder destrutivo.

Essa mesma dupla utilidade acontece com a comunicação. A mesma foi usada para fins benéficos por diversos líderes da história da humanidade, como Jesus, Gandhi, Nelson Mandela, Martin Luther King. Todos tinham em comum uma mensagem de paz e de amor ao próximo.

Já na Alemanha nazista a comunicação interpessoal e coletiva foi praticada de forma persuasiva. Era usada pelos seus líderes para influenciar milhares de pessoas a apoiar um ideal maléfico que pregava principalmente a violência através do preconceito racial.

Por essas razões, é extremamente necessário entendermos o poder das palavras e utilizá-lo para promover crescimento pessoal, profissional e social.

PROGRAMA DE COTAS NA EDUCAÇÃO BRASILEIRA X FATORES SÓCIO-CULTURAIS

A política de cotas implantada pelo governo no Brasil para incentivar e facilitar o ingresso de negros, pardos e índios nas universidades vem sendo objeto de ferrenhas discussões no meio acadêmico e na sociedade em geral. O ponto de partida para esse debate gira principalmente em torno das seguintes questões: se o sistema de cotas é justo ao favorecer o ingresso dessa parcela da população no ensino superior e se o mesmo é eficiente na diminuição dos velhos problemas que assolam nosso país, como a desigualdade social e o racismo - problemas esses que frequentemente grande parte da elite brasileira tenta negar ou esconder a existência, tratando-os como se fossem uma espécie de "lenda urbana".

Para que possamos compreender os problemas do presente do nosso país devemos sempre recorrer à melhor e mais esclarecedora ferramenta, que é o estudo da nossa história. Ela nos responderá os vários porquês dos fatos contemporâneos.

Tudo começa quando Cabral e sua esquadra até então "desorientada" são guiados pelo "deus dos mares",de prenome mercantilismo, para a então pensada Ilha de Vera Cruz. Ao chegar na terra tupiniquim, tratou de escravizar o povo nativo, inicialmente em troca não de presentes de gregos, mas de bugigangas portuguesas. Os erroneamente chamados de índios como não mostraram ter perfil para o escravismo tiveram seu povo praticamente dizimado de maneira bárbara e covarde, em uma luta desigual de arcos e flechas de madeira contra o poder bélico dos canhões portugueses.

Com o fracasso da escravidão indígena, os portugueses recorreram a outro cruel método, que fora a implantação da mão de obra escravista de povos africanos arrancados dos seus países e brutalmente obrigados a trabalharem na então colônia.

Depois de séculos de labuta e sofrimento, pensa-va-se que, como se fala hoje, em uma simples canetada denominada de Lei Áurea, fosse acabar a exploração racial no Brasil. Diferente do processo de abolição do sistema escravista que ocorrera na América Anglo-Saxônica, onde foram dadas condições de sustento aos negros através de doações de terra, aqui aconteceu o contrário. Os negros foram obrigados a sair das terras onde eram escravos e partiram para outra tão cruel escravidão que fora a eles imposta. Lançados à própria sorte depois de vagarem sem rumo, foram obrigados a serem pioneiros dos penosos aglomerados suburbanos, hoje chamados de favela.

Nos dias atuais, infelizmente, ainda é notório o efeito dessa segregação racial. Para comprovarmos esse fato basta recorrermos aos números da parcela de negros e pobres que compõe o sistema carcerário brasileiro, que é de 73% do total dos presos, e veremos que eles são os maiores "inquilinos" dessas prisões devido à marginalização sócio-cultural que lhes fora imposta (Jornal Causa Operária Online, 2014).

Uma vez que somos conhecedores de todos esses fatos históricos, é inegável reconhecer a necessidade de caráter emergencial e temporal da política de cotas no Brasil para que se possa equilibrar a balança da igualdade social que no passado, infelizmente, não tinha amparo legal, através da oportunidade de acesso à educação para todos. Só assim, de maneira legítima, cumprimos a constituição, que afirma que a educação gratuita é um direito do cidadão e é um dever do estado de promovê-la. Assim feito, em um futuro breve, poderemos desfrutar da verdadeira e plena liberdade.

POSTURA DO EDUCADOR EM UMA SOCIEDADE EM CONFLITO

O mundo contemporâneo vivencia um processo de transformação em várias esferas sociais nunca visto na história da humanidade. Vivemos em uma época na qual presenciamos uma verdadeira "avalanche" de mudanças e inovações, com quebra de paradigmas em diversos segmentos da sociedade, como científico, religioso, político, econômico e familiar.

Essas diversas mudanças que ocorreram, principalmente oriundas do fenômeno da globalização, teve como objeto propulsor da sua expansão a internet. Esta, ao mesmo tempo que proporcionou melhoria da qualidade de vida do ser humano, também causou uma espécie de efeito colateral devido à forma abrupta que essas mudanças aconteceram não dando ao homem atual tempo ou ciência de como lidar com tantas mudanças.

Inserido por consequência nesse processo de transformação social está o setor educacional, ao qual foi entregue a difícil tarefa de ser o principal ambiente mediador desses conflitos sociais, ficando com o professor a responsabilidade de gerir esses conflitos. Porém esse profissional foi sobrecarregado de tarefas paralelas que antes eram responsabilidades de outros setores sociais, como familiar, religioso e político, tendo o mesmo que exercê-las para que seus alunos tenham rendimento e consigam aprender o conteúdo da disciplina.

Outro problema enfrentado no ambiente escolar pelo professor é a competição com as sedutoras ferramentas tecnológicas. Estas, ao mesmo tempo em que podem ser úteis para o processo de ensino-aprendizagem, também, se utilizadas de forma errônea, podem causar déficit educacional.

No entanto, diante dessa realidade, quais as atitudes que o docente de hoje deve tomar para melhor administrar essa realidade de conflitos sociais que resvalam no ambiente escolar no qual o mesmo está inserido?

O professor deve ter consciência dessas mudanças e saber que de certa forma esse é um processo que não tem volta e que não adianta lutar contra ele ou fingir que ele não existe. Cabe ao docente atual não se prender apenas ao conhecimento da matéria que ele está incumbido de lecionar, mas sim buscar conhecimentos, mesmo que básicos, de outras ciências, se o mesmo pretende continuar atuando nesse novo sistema educacional. Exemplo: o professor que já leu ou fez algum curso direcionado à psicologia da aprendizagem saberá identificar um aluno que tenha alguma dificuldade de aprendizagem devido a problemas psíquicos e tomar providências. É claro que as que lhe cabe, a exemplo de informar primeiro a direção da instituição para que a mesma transmita a situação à família do aluno, indicando que o mesmo possa precisar de um tratamento.

O professor não deve ser um mero transmissor de teorias, pois hoje é disponibilizado um fácil e rápido acesso a todo tipo de informação através dos vários meios de comunicação. Ele tem que transmitir o conteúdo das aulas da maneira mais prática e dinâmica possível para que consiga contornar os diversos conflitos que dificultam a aprendizagem e conseguir a difícil, mas não impossível, missão que é a de fazer com que o aluno goste de sua disciplina e, assim, consequentemente, aprenda de maneira satisfatória, contribuindo com isso para formar cidadãos instruídos e conhecedores do seu papel na construção de uma sociedade cada vez melhor.

A TECNOLOGIA NA HISTÓRIA DA HUMANIDADE

Segundo a ciência, o surgimento do homem no nosso planeta se iniciou há milhares de anos, inicialmente ainda habitando em cavernas e tendo como atividades principais a caça e a pesca, ou seja, o homem coletor. Dessa escala de tempo até antes da Revolução Industrial no século 19, que ocorrera na Inglaterra, pouco de tecnologia foi desenvolvido se compararmos com os dias atuais.

O homem passou um imenso período da pré-história para dominar o fogo e daí forjar os objetos e armas de metais. Durante toda a idade antiga até a moderna, o homem ainda se utilizava de meios de transporte movidos por tração animal.

Nos últimos 200 anos o mundo vivencia uma verdadeira "avalanche" de tecnologia devido às novas formas de produção em escala industrial que ocorrera principalmente na Inglaterra. Nos anos 90 despontou o advento da tecnologia da informação através principalmente da internet, que interligou o planeta, contribuindo para outro fenômeno político-social, denominado globalização.

Hoje, cada vez mais vêm sendo criados e inovados produtos que derivam de processos de alta tecnologia. Aquilo a que assistíamos nos filmes de ficção científica dos anos 80, como a utilização de chips, laser, hologramas, tornou-se uma realidade que a princípio, de tão rápida e inovadora, parecia surreal, como se fosse uma coisa "mágica".

Muitas pessoas com mais de 30 anos ao se depara- rem com essas novas tecnologias pela primeira vez, no período do seu surgimento, tiveram uma reação semelhante a dos nossos povos nativos enganosamente chamados de índios pelos descobridores portugueses, quando os mesmos viram um espelho ou uma simples faca trazida por Cabral e sua esquadra, na então ainda pensada Ilha de Vera Cruz.

O IMENSURÁVEL AMOR

Deus envia ao mundo não por acaso, mas por providência, o maior exemplar do gênero humano. O nome é pequeno, tem apenas duas sílabas, mas a sua grandeza é imensurável, pois até o Salvador, com toda sua divindade, fez questão de por ela ser concebido. Esse ser maravilhoso poderia ter um nome colossal, difícil de falar, mas como a natureza é sábia e reconhece que a simplicidade é o último grau da elegância, preferiu chamar apenas de "Mãe".

Diante de tanta grandeza, quem ousaria traduzir o amor de uma mãe?

Temos na literatura diversos exemplos que tentam explicar o amor. Nos belos versos de Camões, que afirmam de maneira elegante que o amor "é fogo que arde sem se ver, é ferida que dói e não se sente, é um contentamento descontente".

Na música, cantores como Chico César também tentou explicar, afirmando em cantoria assim: "é belo ver o amor sem anestesia, dói de bom, arde de doce, queima, acalma, mata, cria".

Todavia esse amor trata-se do amor Eros, ou seja, um amor de tendência carnal, onde em diversos casos queima como o fogo da paixão e se não alimentado vira cinzas na fornalha do tempo.

Já ao amor de mãe não se aplica essa regra, pois ele é comparável ao amor divino. Ouso afirmar que é uma réplica humana do amor Ágape, ou seja, o amor de Deus. Um amor que afirma a bíblia em 1 Coríntios 13: "Ainda que eu falasse as línguas dos homens e dos anjos, e não tivesse amor, seria como o metal que soa ou como o sino que tine".

Tomando como exemplo a frase "sem amor eu nada seria", deixo a seguinte pergunta em aberto: o que seria um filho sem ter vivenciado o amor de sua mãe? Quantas qualidades tem essa mulher! Que ser extraordinário esse!

E se alguém perguntar a uma verdadeira mãe qual é a música mais linda para ela, qual será a que ela escolheria? Alguma de Roberto Carlos, de Caetano Veloso ou a mais elegante sinfonia de Beethoven?

Nenhuma delas. Na sua simplicidade e amor ela apenas confirmaria o que disse o poeta: "Não há mais bela música para meus ouvidos do que o ruído da maçaneta da porta quando meu filho volta para casa, depois da noite tenebrosa e fria; o tilintar inconfundível do molho de chaves é música de ninar para meus ouvidos, só assim, só assim, posso deitar e dormir em paz".

POEMA LEMBRANÇAS DO INTERIOR

Hoje me veio em pensamento
Um turbilhão em nostalgia
De lembranças de minha terra
Em um cantinho lá do nordeste
Daquele pequenino povoado
Beirando o pé da serra
Com seus casebres de barro...
Como esquecer essa terra?
Da infância vista pela janelinha de madeira
Da casa da tia Cida,
Da paisagem tão bela
Do verde das grandes leiras
Das roças de macaxeira.
E como não lembrar?
Se só de pensar
Chega dá água na boca
Das carnes penduradas em cima do fogão de lenha,
Do feijão borbulhando com pedaços de toucinho,
Do cuscuz cheirando
Feito de milho fresquinho
E como se esquecer da generosidade dela?
Do compartilhamento
Das portas sempre abertas
De poder entrar na frente
e sair pela cozinha
De dividir o que tinha.
Do banquete espalhado no chão da humilde cozinha
Que da simplicidade, a ironia
Em meio à humildade
Um pouco de tudo tinha
O amendoim cozido, o aipim na panela
A carne bem assadinha

Com a gordurinha amarela
A farinha tão branquinha na cuia
O milho evaporando
O carneiro borbulhando
O povo sentado no chão comendo e proseando
E como não lembrar?
Do amanhecer dessa terra
De acordar com os passarinhos
Do galo cantando no terreiro dos vizinhos
De buscar água na fonte
De pegar capim pro gado
De chupar manga verde
De beber leite de gado
E como não lembrar?
Das peraltices vividas
Dos primos todos juntos
De ir para barragem escondido
De montar cinco meninos
No lombo de um só burro
De levantar com o barro na boca
Rindo do próprio tombo
Como não lembrar também?
Do pequeno cemitério
De zombar das pobres almas
E depois sair correndo.

Mas já dizia o ditado,
O que é bom passa ligeiro!
E de repente o sonho acaba
levando o mês de janeiro.

O pau de arara se distanciava,
Os olhos cheios de lágrimas
Deixam apenas o retrato na retina
Da paisagem tão bela
Das aventuras de férias
Nas lembranças de um menino.

A ILHA DO SUCESSO

O caminho para ela nunca é fácil, pois para alcançar requer romper alguns obstáculos. É preciso nadar contra a correnteza chamada cansaço, suportar o vento do desânimo, aguentar a tempestade do pessimismo e até do fracasso, e na adversidade continuar navegando, singrando sem parar em direção a um norte guiado pela bússola da perseverança.

Para chegar a essa ilha é preciso desancorar de portos seguros e partir para águas profundas, mesmo que seja preciso pagar o preço da solidão do alto mar, e com isso cada vez mais se distanciar do conforto das praias ensolaradas em mais um dia de domingo. Para isso é fundamental nunca parar de navegar rumo ao objetivo, pois já dizia o grande navegador no absurdo da sua disciplina: navegar é preciso, "viver não é preciso".

Mas como chegar a essa ilha maravilhosa onde muitos querem desembarcar e poucos alcançam?

E se pudéssemos ter o privilégio de tomar conselhos dos grandes homens do mar, o que diria Américo? O que indagaria Colombo? Como explicaria Cabral?

Infelizmente não temos o privilégio de obter respostas desses grandes homens na forma verbal, todavia, podemos nos resguardar nas sombras dos seus triunfos e, debruçados nos ombros desses gigantes, enxergaríamos a seguinte frase: É só partir em um barco chamado esperança, erguer as velas do trabalho e, principalmente, remar ao lado de grandes marinheiros.

OS DOIS MUNDOS

A vida se inicia

E por obra divina

Não escolhe tempo ou lugar nem a classe social que terá, assim seguindo sua justa lei, dá-se em qualquer lugar.

Com isso, chega ao mundo apenas mais um menino em um humilde cortiço, paupérrimo e sem conforto,

Que para qualquer adulto

Seria motivo de desgosto.

Mas da vida, a ironia

Para a mentalidade humana, a cabeça de uma criança é livre de preconceitos.

Nela existe um puro e valioso lúdico

Que de um jeito singelo

Transforma qualquer cortiço no mais belo dos castelos.

Esse é o palco da vida

Em que estreia Teodoro,

Apenas mais um menino de biotipo franzino,

Os cabelos cor de fogo,

Castigados pelo sol.

A roupinha singela

Uma camisinha amarela e um simples calção.

Nos pés, uma alpercata fina remendada com um prego,

Que mal segurava a quentura e menos os torrões da estrada.

Assim seguia Teodoro, de mãos dadas com sua mãe, uma mulher de meia idade, mas devido a não ter vaidade,

E também ao sofrimento da vida impiedosa,

Para ela o tempo foi sorrateiro, aparentando a mesma ter muito mais em janeiros.

Seguem os dois juntos. Teodoro em uma mão na cabeça, uma trouxa de roupas, caminham de pista afora de passos apressados para ganhar o sustento.

Seria mais uma simples e curta jornada, mas não para Teodoro, um menino sonhador de imaginação aguçada, fazia de cada simples paisagem uma tela retratada pelo mais genial pintor.

Ele percebia tudo

Que ocorria ao seu redor.

Então, durante o trajeto,

Observava os mais diferentes contrastes.

E como um passe de mágica, o mundo ia surgindo das mais diferentes formas

Na retina de um menino.

Ele percebe a grandeza da natureza de Deus via uma harmonia, digna de uma bela orquestra, os belos pássaros cantando

Nas matas à beira da estrada.

Os campos verdes e sedosos

Que nem os mais belos dos tapetes possuíam brilho igual.

Porém, chegando à cidade, o menino percebe algo estranho na paisagem, viu atônito diversas desigualdades.

Lá a paisagem mudou

O verde era trocado por

Um tom acinzentado.

Na brecha entre um arranha céu e outro

Com certa dificuldade se via o firmamento.

No meio da barulheira e da fumaça branca daquela selva de pedra,

Não demorou para o menino ver que existia lá algo mais duro do que o concreto e mais frio do que os revestimentosem mármore.

Deparou-se Teodoro com a pior das friezas

e com a maior das durezas, as quais vivem de inquilinasno coração dos humanos.

Esse sentimento ficava cada vez mais evidenteNos mais simples tratamentos.

Em meio ao trajeto,

No pedir de um copo com água em um estabelecimento,Da resposta mal dada,

Custa apenas três cruzeiros, ou se quiser tem da torneira.Via também na falta de olhar o desprezo ao redor.

Percebeu então a insignificância de maneira cruel planta-da na mente humana de apenas mais uma criança pobre

grudada na barra da saia de uma simples lavadeira.

Os dois aumentam os passos, pois já passava das onze.

Ao chegar em uma praça, Teodoro vê um aglomerado degente em situação desumana.

Crianças sujas e desnudas,adultos se embriagando,

as panelas pretas e vazias, trapos encardidos e rasgadosem um varal pendurado.

O telhado era uma lonaOs bichos de estimação Entulhavam-se meio ao lixo.

Ratazanas e urubus

em uma batalha insana

disputavam com os humanos os restos do que há uma se-
mana fora banquete dos ricos.

Na cabeça do menino

nada fazia sentido,

Pois aprendera no catecismo, nas palavras do vigário e nas
páginas de um salmo,

Que Deus era pai de todos e que o divino era dono da prata
e de todo ouro.

Ao chegar a um cruzamento, avistou algo anormal, um homem fazia um papel

comum a um animal.

Puxava uma carroça velha, disputando cada centímetro de
pista

Em meio a arrogantes buzinas de automóveis de granfinos.

Os quais, ao ultrapassar,

Lançavam-lhe um olhar

de raiva e de soberba.

E assim o trânsito fluía

Em meio a sua frieza.

Montados na tirania

Das carruagens de lata

os reis das pistas seguiam.

Quase chegando ao destino

O menino tem como surpresa

No meio de tanta pobreza.

Avista além dos muros

uma abundância de riqueza.

Diante desse contraste, ele não entendeu ao certo, parecia
para o mesmo um oásis no deserto.

Pela brecha do enorme portão, Teodoro vê um mundo diferente,
crianças limpas e sorridentes

Brancas como pó de arroz brincando e se divertindo.

Viu madames cuidando de cães melhor do que trata gente.

Lindos carros estacionados.

As paredes eram tão limpas

Que pareciam um espelho.

Porém outra vez o menino percebe a face do desprezo.

Ver o tal povo "feliz"

Cruzar todo ligeiro

Com os vidros fechados

Sem cumprimentarem o porteiro.

De repente o menino recebe um forte solavanco

era sua mãe puxando seu braço, gritando no seu ouvido:
"avia, menino besta, deixa de ser distraído".

Teodoro aumenta o passo aos gritos da sua mãe.

O chinelo arrebenta, a mãe fala: "agora aguenta. Vai ficar
de pé no chão".

O destino se aproxima

para o bem de Teodoro

Àquela altura, os pés já estavam ardentes.

As roupas iam ser entregues em uma casa ali perto.

Porém não era uma simples residência

Era uma verdadeira mansão,

De um muro todo em pedras.

Tomava um quarteirão,

Tinha um jardim bem cuidado

Com rosas e girassóis

Dignos de um lindo palácio.

Ao chegar ao portão

Tocaram a campainha

E uma moça olhou lá da cozinha.

 Indagou: "pode abrir, Alonso, é a comadre Carminha".

O imponente portão

Se abriu de modo mágico, sem ninguém pôr a mão, era um tal de automático.

Avistaram uma senhora com vestes bem elegantes, de modo todo imponente.

A qual não parecia em nada com seus simples parentes.

A mãe e Teodoro entram pelo acesso da garagem, que ia dar bem de frente a uma bela cozinha.

Ao entrar ela falou de modo imperativo:

"Avia, menino, dê benção a sua "madrinha"!"

Teodoro entra com um olhar "descabriado"

E logo estende o braço

E a mulher lhe abençoa

Depois vira e pergunta:

"Comadre, foram quantas dúzias?"

Ela responde: "foi quatro, minha comadre".

Espere aí então, vou buscar seus dez cruzeiros.

E fica Teodoro e a mãe esperando na cozinha.

A cozinheira então fala: "podem ficar à vontade

sentem aí nesse banco".

Já passava do meio-dia, as panelas fumegavam

Com um cheiro sem igual.

A boca de Teodoro se enchia de água.

O banquete borbulhava e sua barriga roncava

Porém para sua tristeza

Da riqueza à avareza

Apenas ofereceram

Um simples copo com água.

Sem ter outra opção, ele bebe o brinde amargo

As lágrimas chegam a rolar.

 Mas não limpam apenas os olhos,

Ele passa a enxergar que a vida muitas vezes é ingrata

E que pode ao mesmo tempo ser mãe e também madrasta.

Teodoro para e olha pela porta da cozinha

A vista uma escadaria que vai dar em uma varanda.

De móveis finos,

feitos de madeira nobre, jarros com flores belas, cortinas de seda amarela.

Belas portas e janelas com vidraças transparentes.

Ele sentiu a distância da cozinha a essa sala

medida nem por quilometragem, e sim pela vaidade de grau da sociedade e pela sua importância.

Viu a esperar na cozinha um casal bem arrumado entrar pela porta da frente.

Tratava-se do doutor Albuquerque e sua esposa, Marlene da alta sociedade, e com muita cerimônia puxaram as cadeiras lindas e convidaram a sentar.

A conversa prosseguiu regada a pães, frios e vinhos.

Sendo logo em seguida convidados a almoçar.

Depois chega o anfitrião da casa, o senhor Alfredo Rocha

De família de Brasão, um grande pecuarista, o maior da região

Além de latifundiário, também era empresário

Passando meio apressado, nem olhou para o menino.

Foi quando a mulher falou: "Alfredo, é seu afilhado,

Vai logo, meu rapazinho, corra dê benção a seu padrinho.

Não vê que ele está apressado".

O menino se aproxima com a fronte abaixada

E ergue a sua mão

Ele diz "Deus te dê vergonha".

E depois lhe pergunta

Mostrando uma estranheza

Você é filho de quem?

"De Carminha, a lavadeira", responde a cozinheira.

E o senhor Alfredo fala: "ah, então tudo bem".

E olhando-o muito pouco coloca a mão no bolso de um modo ligeiro, lhe dá uns dez cruzeiros.

O menino aparenta uma alegria momentânea, que não dura muito tempo.

Logo a madrinha vem dizendo: "Comadre, já pode ir, tá aqui o seu dinheiro.

Quer levar alguma coisa?

Marlene, veja aí umas coisas pra comadre Carminha,

Olhe na geladeira aquela carne desfiada.

Raspe também a caçarola com a sobra da fritada.

Misture tudo, ande menina, coloque no vaso de margarina.

Ah, me lembrei! Veja aí para comadre aquelas roupas usadas

Que não dão mais para Juninho.

Veja também o chinelo

Tá um pouco velho, mas dá pra usar um pouquinho".

Então partem em retorno Teodoro e a Mãe, que da sua humildade sai sorridente e feliz.

Teodoro com esforço tenta acompanhar os passos apressados da mãe.

Difícil se equilibrar e até ficar em pé

Andando com uma balsa muito maior que o pé.

Precisavam chegar loco, pois em casa a esperavam o seu pai e oito irmãos.

Com a guarnição no fogo, a panela de feijão.

Assim o nobre dinheiro

Aquele simples dez cruzeiros já tinha destino certo, a bodega do Simões

Assim andaram depressa para comprar provisões.

O que deu para levar só dava para um dia.

E com isso o pobre seguia da amargura a agonia, e como diz o lamento: era assando e comendo. Sem tempo nem pra lamentar, pois o amanhã Deus dará.

Eram tempos difíceis

A inflação era absurda

Não perdoava ninguém.

Assim seguiam na labuta, compraram um quilo de açúcar.

Quilo e meio de acém.

Um pacote de café e meia dúzia de ovos.

O menino olha o baleiro e depois pra sua mãe

Ela balança a cabeça

Em um gesto negativo

Já estavam sem dinheiro

Pois a conta deu cerrada.

Não sobrou nem um cruzeiro.

Mas de forma ligeira, num gesto de gentileza,

Seu Simões abre o baleiro

E dá três balas ao menino.

Ele sorriu de alegria, na simplicidade da criança,

Já tinha ganhado o dia.

Teodoro sai correndo saltitando de alegria.

A mãe logo o repreende:

"Volte, vá pedir obrigado ao homem".

Teodoro agradece

E os dois seguem o caminho.

Por essa altura já passava

Das treze horas

Quando entraram na rua.

Logo correu ao seu encontro o cão de estimação.

Duque abanava o rabo

Com as orelhas em pé

Babando de felicidade.

Era um vira-lata

De pêlos cinzentos

E olhos de cor de fogo.

Era exímio caçador

Pegava na barra do dente

Peba, camaleão e tatu,

Mas em casa era dócil, amoroso com as crianças.

Desde que as mesmas não puxassem no seu rabo.

Enfim, Teodoro chega segurando as sacolas

junto com a sua mãe.

Na porta a esperava,

Com cara de poucos amigos,

O marido Silveira,

Com o semblante fechado.

Já meio irritado

Das choradeiras dos moleques

Devido a estarem com fome,

Falou: "demora da peste

Quer matar a gente de fome?".

Carminha respondeu: "ora, homem,

Vim o mais rápido que pude".

"Se apresse, vamos, ligeiro, coloque logo os temperos, estou varado de fome".

Enquanto a carne cozinhava, a mãe junta a meninada,

Todos sentados no chão.

Com o semblante alegre iam despejando o feijão.

A carne enfim chegou

E foi logo minuciosamente dividida

Todos comiam rápido

E iam se saciando.

Entre uma abocanhada e outra, Teodoro

Paralisou-se

Pegou a pensar no caminho

Veio um filme em sua mente.

Era um menino feliz

Em meio às dificuldades,

Mas nessa curta viagem

Teodoro conheceu

O fantasma social

Que aterroriza a humanidade,

O qual nunca foi órfão

Tem pai, mãe e parentes.

O egoísmo o pariu

Tem como genitor

O papai desamor.

É primo da avareza,

Sobrinho da pobreza

Neto da corrupção.

Carminha vê Teodoro

parado e indagou:

"O que houve menino?

Por acaso se engasgou ou você tá com fastio?"

Sem nem mesmo pestanejar

O seu irmão pega a falar, movido pelo primórdio instinto de sobrevivência, que depois foi transformado no sagaz ditado popular: "farinha pouca, meu pirão primeiro",

sem dó falou logo reto:

"Se não quer, me dê o resto!"

Então Teodoro falou depois de respirar fundo.

"Me responda, minha mãe, por acaso a nossa terra é dividida em dois mundos?"

O pai então toma a palavra e responde:

"Ara, menino, deixe de pergunta besta.

A natureza de Deus é perfeita.

Só existe um único mundo, e nesse é ele que reina.

E estamos todos no mesmo barco, e quando nós morrermos

Vamos todos pro mesmo buraco".

Teodoro baixa a fronte e continua a comer,

Pois por força da cultura jamais ia lhe responder.

Mas na sua cabecinha, não dava pra compreender

O porquê de uns terem tanto e outros não terem nem o que comer.

Que o pobre e o rico são como água e óleo

E que nunca se misturam.

Mas o que fazer esse menino na sua insignificância para mudar o destino que de modo hereditário já o tinha sentenciado por não ter brasão.

Ele estava aprisionado pelo fator cultural,

Pois se olhasse para os lados

Só via um mundo cinzento.

Não tinha quase ninguém para tomar como exemplo,

Pois estavam todos juntos velejando contra o vento.

Mas da vida a esperança

Veio-lhe logo a lembrança,

Que não fora ainda narrada.

Na singela viagem em meio à paisagem

Pela brecha da janela ele viu

Assim escrito: bem-vindo à biblioteca.

Também continha um anúncio: aqui existe a maior riqueza já existente no mundo, que a traça não corrói nem o ferrugem destrói, e que quando adquirida ninguém pode te roubar, nem mesmo por um momento.

A chave para esse tesouro é uma simples palavra de nome **_conhecimento._**

O menino volta e se
enche de esperança.
A lágrima chega a cair, ao mesmo tempo sorrir.
A comida esfriou
A fome até passou,
Mas o menino estava alegre,
Pois Deus tinha revelado: Teodoro, filho amado, fique des-
preocupado
O que juntará os dois mundos serão estudo e amor.

ANJO FEMININO

Como descrevê-la?
Difícil, fácil?
Será que a caneta terá tinta?
Fui buscar inspiração em meu baú literário
Nos mais clássicos dos poemas
Nos romances de Machado.
Nos belos versos de Camões,
Nesse amor que arde sem queimar
Na ferida que se dói e não se sente
No tal do contentamento descontente.
E até em devaneio fui ver se encontrava
algo, mas já despontou a tarde
E não encontrei nada
nos versos de Castro Alves.
A noite então chegou trazendo
Sua penumbra.
Mas não escuridão completa
Ela estava lá
A amiga dos poetas
Testemunha dos amores
Ela estava lá,
nua,
A olho nu.
A lua.
O brilho dela me encheu de inspiração,
Então descobri o meu engano.
Procurei versos e rimas

Em lugares errados
Em páginas velhas e amareladas
De memórias literárias.
Mas elas não estavam longe,
Pulsavam dentro de mim.
Aí me voltou a razão
Resolvi externar
O que vem do coração.
Que mulher admirável!
Que misto de sentimentos!
É como previsão do tempo,
Parcialmente improvável.
Traz a paz do frio,
O calor do amor,
Tudo ao mesmo tempo.
É sorriso que desarma minha raiva
E aumenta o meu amor.
E, por que não,
Ela também é erotismo.
Qual imagem é mais bela na retina de um marido?
Ela adormece mais cedo
Linda, deslumbrante
Na transparência da seda revelada.
Curvas em simetria perfeita,
Pele de jambo lisa e brilhante.
E o cheiro! Ah, o cheiro...
Ela continua a dormir
Pra que acordar?
Acordar os anjos?

Deixe à meia luz,
Meio louco!
Deixe-a dormir.
Ela também é rocha forte,
Refúgio nas horas difíceis,
É amor, é fidelidade.
É certa ingenuidade.
É uma série de contrastes,
É menina, é mulher.
Ensina-me todo dia,
Quebrando minha vaidade,
É a minha metade,
O que faltava em mim.
Ela é complexidade,
Nem Amélia, nem só vaidade.
É também pluralidade,
É paixão, é amor, é opinião.
É raiva, é choro, é sorriso,
É emoção.
Será ela de verdade?
Será ela desse plano?
Com tantos adjetivos
Leva-me ao paraíso.
Será mulher ou um anjo?
É um anjo em mulher.

Frases e Reflexões de um Pensador Nordestino:

Onde mora a felicidade? O endereço é bem simples: passe pela rua da Atitude, cruze a travessa Medo, avistará uma linda casa de um tom de azul tão resplandecente que nem o mais lindo mar tem. Ela não possui número, apenas uma placa na frente escrito: Olá, sou a felicidade! Sempre estive aqui te esperando.

Aguinaldo Batista
Aracaju, 04 de agosto de 2016.

Breve súplica de um cristão

Senhor, fazei que eu seja grandioso, mas não arrogante. Fazei que eu seja humilde, mas não fraco.

Aguinaldo Batista;
Maceió, 20 de abril de 2013.

Reflexão sobre o amor

Uma das essências do amor é a admiração ao outro. Quem ama admira. É possível admirar e não amar, mas é impossível amar sem admirar.

Aguinaldo Batista;
Aracaju, 15 de dezembro 2014.

É impossível explicar as diversas razões que levam uma mulher a amar um homem, mas uma regra que acredito ser geral é relacionada ao instinto de proteção: mesmo com a sua mais que merecida emancipação social, a mulher, mesmo que inconscientemente, gosta de se sentir protegida, e nesse sentido aplicamos diferentes tipos de proteção, podendo ser: a afetiva, a financeira, dos perigos sociais, entre outras.

Por isso, ai de um homem que deixe de despertar o sentimento de proteção na mulher amada.

A menor distância para alcançar o sucesso é conseguida através da "atitude", e para o fracasso é justamente a falta dela.

Aguinaldo Batista;
Aracaju, 21 de junho de 2018.

Para obter sucesso existem situações em comum: estar com as pessoas certas, no lugar certo, no momento certo.

Edição : 2019
Impressão : Gráfica J. Andrade
Papel do miolo : Offset 75g/m² da Suzano
Papel da capa : Supremo 250g/m² da Suzano
Tamanho : 15 x 21 cm

www.ingramcontent.com/pod-product-compliance
Lightning Source LLC
Chambersburg PA
CBHW061717130726
47996CB00006B/2372